Peldaños

Los
AZTECAS
Americanos precolombinos

Moctezuma II

por Erica Lauf

Es el año 1502, y el lugar es Tenochtitlán, la capital azteca, una ciudad activa con mercados florecientes y **templos** elevados. Este día, un extraño entusiasmo crepita en el aire. Un hombre, vestido con una capa azul real y adornado con joyas, aparece ante su pueblo. Es Moctezuma II, y acaba de ser coronado como nuevo emperador, o gobernante, azteca. Esta no es una responsabilidad menor.

Cuando Moctezuma II llegó al poder, tomó el control de un vasto **imperio**. Un imperio es un grupo de pueblos y estados unidos bajo un gobernante. Expandió el imperio y aumentó su control sobre los pueblos conquistados. Durante su reinado, el Imperio Azteca era una de las civilizaciones más poderosas y avanzadas del mundo. Se extendía por la mayor parte del centro del actual México, desde el océano Atlántico hasta el océano Pacífico. Su reinado de casi 20 años estuvo marcado por decisiones sabias y traspiés fatídicos, una gran amabilidad y una brutalidad sanguinaria, victorias gloriosas y, por último, una derrota lamentable. ¿Quién era Moctezuma II, y cómo se hizo tan poderoso?

Moctezuma II fue el noveno y último gobernante del Imperio Azteca. Bajo el gobierno de Moctezuma I, el imperio se había expandido y Tenochtitlán se había convertido en la capital del imperio.

De príncipe al poder

En la actualidad, conocemos a Tenochtitlán como México, D.F., la capital de México. Pero a fines del siglo XV, Tenochtitlán era el corazón del poderoso Imperio Azteca. Los mercaderes comerciaban productos en mercados alegres, mientras que grandes templos de piedra, como el Templo Mayor, se elevaban hacia el cielo y honraban a los dioses y las diosas que adoraban los aztecas. Tenochtitlán, hogar de cientos de miles de personas, era más grande que cualquier ciudad europea de la época.

Moctezuma II nació en el seno de una familia de líderes alrededor del año 1467. Tuvo muchos años de educación y entrenó mucho para ser guerrero. Con el tiempo, obtuvo un mando en el ejército.

Cuando Moctezuma tenía 35 años, su tío murió y lo eligieron para ser el nuevo emperador. Se ganó el respeto del pueblo al reconstruir Tenochtitlán después de una inundación desastrosa. Cuando la sequía hizo que los alimentos escasearan, abrió los silos de maíz reales para que su pueblo tuviera alimentos. Pero también podía ser despiadado. Exigía productos y materiales de las ciudades conquistadas y tomaba miles de prisioneros. Cuando las ciudades se rebelaban, las aplastaba. Llevaba a cabo batallas como entretenimiento, enfrentando a guerreros entrenados con prisioneros mal preparados.

Moctezuma vivía con un estilo de vida real. Lo llevaban de un lugar a otro en una litera, o plataforma elevada, dorada para que sus pies no tocaran el suelo. Se cambiaba de ropa cuatro veces al día y nunca usaba la misma vestimenta dos veces. Su palacio tenía un zoológico de animales exóticos. Pero sus días de gloria no podían durar por siempre.

Moctezuma se ganó el agrado de su pueblo al darles alimentos cuando ellos los necesitaban. Este dibujo de un libro español del año 1579 muestra un gran banquete azteca.

Estatua de terracota de un Guerrero Águila.

Mientras asistía a la escuela de guerreros, el joven Moctezuma dominó las destrezas y las armas de la guerra. Este era el entrenamiento necesario para los niños del ambicioso Imperio Azteca. Los mejores guerreros se llamaban Guerreros Águila. Recibían ese nombre por tomar al menos cuatro prisioneros.

Los hábiles artesanos aztecas crearon artefactos de oro como este. Estos tesoros invaluables llamaron la atención de los conquistadores españoles.

El fin de un imperio

En el año 1519, surgió una nueva amenaza. Llegaron informes a la capital que contaban a Moctezuma sobre unos extraños visitantes en la costa este del imperio. Estos relatos describían montañas que flotaban en el mar y hombres pálidos con barba que montaban ciervos. De hecho, los barcos altos llevaban **conquistadores** españoles, que montaban caballos. Hernán Cortés era el líder de los conquistadores.

Los aztecas tenían oro, que los conquistadores querían. Los españoles tenían dos cosas que los aztecas nunca habían visto antes: armas de fuego y caballos.

Moctezuma no desafió a los desconocidos españoles con fuerza militar. En cambio, les dio la bienvenida a Tenochtitlán con regalos de oro y piedras preciosas. En las tradiciones de **Mesoamérica**, un área que incluye el actual México y partes de Centroamérica, un anfitrión demostraba su poder y su riqueza ofreciendo esos regalos. Pero los regalos solo hicieron que los españoles ansiaran más tesoros, y pretendieran obtenerlos.

Moctezuma esperó a Cortés con regalos. Vio que sus guerreros no igualaban a los españoles, que tenían armas de fuego y caballos.

Serpiente turquesa azteca

Aunque las armas de fuego españolas aterraban a los aztecas, Cortés sabía que lo superaban en número. En lugar de exponerse a una batalla, Cortés capturó a Moctezuma y lo hizo prisionero. Como le quedaba poco poder, Moctezuma se quedó sentado y no pudo hacer nada mientras los españoles ultrajaban a su pueblo. Los conquistadores destruyeron imágenes religiosas aztecas y mataron a un general azteca que les desobedeció. También mataron a un número de guerreros y nobles aztecas. En un arrebato, el pueblo se alzó en rebelión. Con la esperanza de calmar a los alborotadores, los españoles llevaron a Moctezuma al techo del palacio para que se dirigiera a su pueblo. Pero los aztecas habían perdido el respeto por su líder y le lanzaron rocas. Murió ese día; probablemente lo mató una de esas rocas.

Moctezuma murió en el año 1502 y el Imperio Azteca se desintegró poco después. Cortés y sus conquistadores destruyeron Tenochtitlán y construyeron su propia ciudad sobre ella. En la actualidad, la conocemos como México, D.F., la capital de México.

Compruébalo ¿Qué te dice la historia de la vida de Moctezuma sobre lo que le sucedió al Imperio Azteca?

7

Alimentos de los aztecas

por Nathan W. James

¿Qué tienen en común las palomitas de maíz, la salsa de tomate y el chocolate caliente? Los aztecas.

Las palomitas de maíz provienen del maíz, la salsa de tomate proviene de los tomates y, por supuesto, el chocolate caliente proviene del chocolate. Cada uno de estos alimentos es nativo de Centroamérica y Sudamérica, y cada uno fue una parte importante de la dieta azteca. Pero estos alimentos eran desconocidos para los españoles y los europeos del siglo XVI. Los aztecas les presentaron a los conquistadores españoles estos extraños alimentos cuando los españoles llegaron al Imperio Azteca. Solo piénsalo. ¿Te imaginas probar maíz, tomates o chocolate por primera vez?

Los españoles disfrutaron tanto los alimentos aztecas, que los llevaron de vuelta a casa a través del océano. Una vez que introdujeron estos alimentos a España, no tomó mucho tiempo para que toda Europa se entusiasmase.

El maíz, los tomates y el chocolate pronto se convirtieron en alimentos esenciales en Europa. Los granjeros de Europa comenzaron a cultivar tomates y maíz. Los chocolateros europeos importaron granos de cacao de Mesoamérica y los usaron para hacer nuevas golosinas deliciosas.

Con el tiempo, estos alimentos viajaron a Norteamérica con los colonos europeos. En la actualidad, están incluidos en recetas de todo el mundo. Sigue leyendo para aprender más sobre cómo los alimentos de los aztecas terminaron en tu plato.

Los **aztecas** comían maíz, tomates y chocolate.

Sabemos que los aztecas comían maíz, tomates y chocolate porque estos alimentos aparecen en su arte. Esta pintura moderna muestra al dios del viento azteca dándoles el maíz a los seres humanos.

Maíz
maravilloso

Los aztecas dependían del **maíz**. El maíz se **cultivó**, o se sembró y creció, en Mesoamérica durante miles de años, y se convirtió en un alimento fundamental en la dieta azteca. Los aztecas cocinaban sopas y guisos, tortillas y tamales, y maíz en mazorca. Usaban las mazorcas de maíz como combustible para las fogatas y la cáscara del maíz para hacer arte y muñecos.

> El maíz era tan importante para los aztecas, que realizaban festivales en su honor durante las temporadas de siembra y cosecha. Adoraban a una diosa del maíz que solía mostrarse llevando mazorcas de maíz.

¡Una diosa del **maíz**!

> Esta herramienta se llama *metate*. Es una piedra plana con una hendidura en el medio. Los metates eran esenciales en los hogares aztecas. Los cocineros aztecas los usaban para moler maíz y hacer harina. Primero, colocaban trozos de maíz, o granos, en el metate. Luego, usaban otra piedra para aplastar los granos y obtener harina.

Los aztecas no solo comían palomitas de maíz. ¡También las usaban para **vestirse!**

Los aztecas usaban la harina de maíz para hacer tortillas. Con las tortillas envolvían frijoles, carne o calabaza y los remojaban en una salsa de ají picante.

Los aztecas no fueron los primeros que hicieron palomitas de maíz. Muchas culturas nativas de América disfrutaban de este plato, pero los aztecas fueron los que les presentaron las palomitas de maíz a los europeos.

Cuando los aztecas cosechaban una mazorca fresca de maíz, la usaban de **muchas** maneras sabrosas.

Tú dices **tomate,** yo digo tomatl

En la actualidad, disfrutamos de los tomates de muchas maneras: en salsas y ensaladas, sobre los espaguetis y untados en las papas fritas. Los aztecas también usaban los tomates de muchas maneras. Descubrieron los tomates al comerciar con personas de Sudamérica, donde los científicos modernos creen que se originaron los tomates. Después de probar el tomate sudamericano (*tomatl* en la lengua azteca) los aztecas también comenzaron a cultivarlos.

> En la actualidad, los tomates se cultivan en todo el mundo. China, India, Turquía y los Estados Unidos son los mayores productores de tomates del mundo.

> Los italianos y los franceses llamaron "manzanas del amor" a los tomates una vez que los probaron.

> Podemos agradecer a los aztecas por la salsa de tomate, aunque nunca la hayan hecho. Una compañía de alimentos estadounidense comenzó a hacer salsa de tomate en la década de 1870. Fue un éxito inmediato.

Como puedes ver, los tomates tienen diversos colores y formas. Hay tomates amarillos, verdes, con forma de grano de uva y redondos. Los tomates redondos se parecen más a los tipos que cultivaban y comían los aztecas.

Hay más de **7,500** variedades de tomates en la actualidad.

Los tomates se difundieron desde Sudamérica a los aztecas y luego a España. Este granjero en México usa un cubo para cosechar tomates.

Cuando Hernán Cortés y su tripulación viajaron de vuelta a Europa, llevaron semillas de tomate. Pronto, los tomates se cultivaban en toda Europa, incluida Italia. ¡Presto! Así nació la salsa para espaguetis.

Si no fuera por los aztecas, los **italianos** quizá no habrían comenzado a cocinar con tomates.

Locos por el
cacao

¿Cuál es tu manera favorita de disfrutar del cacao? Quizá te guste más en una barra de chocolate, una bebida deliciosa o vertido sobre el helado. Si les pidieras a los aztecas que te mostraran cómo disfrutaban del chocolate, probablemente te servirían una taza de algo parecido al chocolate caliente. Los aztecas lo llamaban "bebida de chocolate". Usaban granos de **cacao** para hacer chocolate. Esos granos eran tan valiosos como el dinero para ellos.

Los europeos le agregaron azúcar y crema al chocolate derretido para hacer que fuera más dulce y sabroso. Cuando los europeos llegaron a Norteamérica en los siglos XVII y XVIII, trajeron el chocolate consigo. Al principio, el chocolate era caro. Pero en el año 1894, un fabricante de golosinas estadounidense inauguró la compañía de chocolates Hershey. Esta compañía hacía grandes cantidades de barras de chocolate y otras golosinas en fábricas. Así, el chocolate se hizo más asequible.

¡Los aztecas usaban granos de **cacao** como dinero!

¡Los estadounidenses comen más de **650,000** toneladas de chocolate por año!

> El chocolate proviene de un grano dentro del fruto del árbol del cacao. Otras culturas les hicieron conocer el grano de cacao a los aztecas a través del comercio. Los aztecas disfrutaban tanto del sabor del chocolate, que los granos se volvieron poco comunes... y muy valiosos. Los granos de cacao comenzaron a usarse como dinero.

< Los aztecas les servían a los españoles una bebida llamada *xocoatl*, pero era demasiado amarga para ellos. Y los españoles no podían pronunciar su nombre, por lo tanto, lo llamaron *chocolate*. Esta taza azteca que se usaba para servir el chocolate se talló con forma de liebre, un animal que parece un conejo grande.

¡Los aztecas sorbían su bebida de chocolate a través de popotes dorados!

< Los aztecas usaban sus metates para moler cacao y maíz. Mezclaban el polvo de cacao con agua caliente y hacían una deliciosa bebida de chocolate.

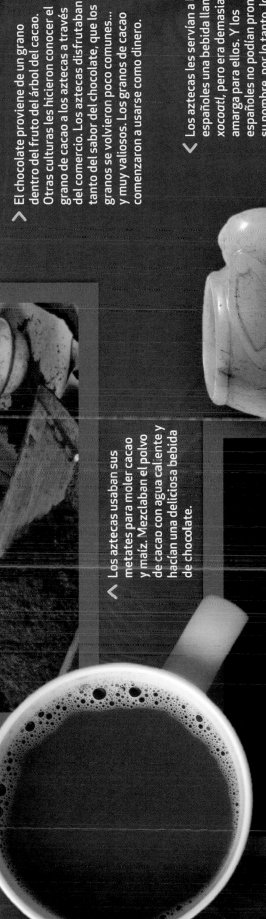

Chocolate caliente picante azteca

INGREDIENTES

4 vasos de leche

2 tazas de crema de leche baja en grasa

1 ½ tazas de trozos de chocolate semidulce

1 cucharadita de café instantáneo

⅛ cucharadita de ají chipotle molido

1 cucharadita de canela molida, más un poco para rociar sobre la crema batida

INSTRUCCIONES

1. Mezcla la leche, la crema de leche baja en grasa, el chocolate, el café, el ají chipotle molido y la canela molida.

2. Pon sobre fuego lento y revuelve constantemente hasta que esté por hervir.

3. Retira del fuego y vierte en tazas. Rocía con canela adicional o cubre con crema batida a gusto.

4. ¡Bebe y disfruta!

Compruébalo ¿Qué tipos de alimentos que comes están hechos con tomates, maíz y chocolate?

BIENVENIDO A TEOTIHUACÁN

por David Holford

⌃ Visitantes atentos sobre las ruinas de Teotihuacán ven la Avenida de los Muertos que corre hacia el horizonte.

Pensamos en los Aztecas como una cultura que desapareció hace mucho, pero espera a que veas Teotihuacán, una ciudad antigua en el actual México. Cientos de años antes de que los aztecas descubrieran Teotihuacán, este era el hogar de una civilización antigua. También era una de las ciudades más grandes del mundo. Las ruinas de Teotihuacán se volvieron muy importantes para los aztecas. En la actualidad, los visitantes todavía exploran las ruinas de esta increíble ciudad para aprender algo sobre los aztecas, así como de los primeros habitantes de la ciudad.

Caminemos por la calle principal de Teotihuacán, la Avenida de los Muertos. Probablemente te preguntes quién le puso ese nombre tan aterrador al camino y por qué. Cuando los aztecas llegaron a Teotihuacán alrededor del año 1300 d. C., esta avenida (más ancha que una autopista de 10 carriles) estaba bordeada por plataformas bajas que los aztecas creían que eran tumbas, o sepulturas. Se equivocaban. Las plataformas probablemente eran la base de hogares que dejaron los antiguos habitantes de la ciudad. Ahora exploremos algunos de los asombrosos edificios que están junto a la Avenida de los Muertos.

LUGAR DE NACIMIENTO DE LOS DIOSES

Teotihuacán es una ciudad de ruinas sobre ruinas. Los arqueólogos no saben cómo se llamaban los fundadores de Teotihuacán a sí mismos, pero saben que estas personas cultivaban la campiña en el centro de México a comienzos del año 400 a. C. Esta civilización preazteca construyó una ciudad **sagrada**, o santa; un lugar importante para su religión. Creían que sus dioses habían creado el mundo en ese lugar.

En un siglo, ya vivían 200,000 personas en Teotihuacán. Además de ser un centro religioso, también era un centro de comercio. Los mercaderes de la ciudad comerciaban artesanías en toda Mesoamérica. La cultura de Teotihuacán se difundió con sus productos.

El esplendor de la ciudad terminó alrededor del año 750 d. C. cuando los enemigos incendiaron muchos edificios hasta los cimientos. Los residentes huyeron, y con el tiempo la ciudad quedó en ruinas. Cuando los aztecas redescubrieron Teotihuacán alrededor del año 1300, solo quedaban indicios de su gloria pasada. Las paredes de la ciudad antigua tenían ilustraciones de dioses, por lo tanto, los aztecas la llamaron Teotihuacán, o "lugar donde nacieron los dioses". El sitio se volvió sagrado para los aztecas y construyeron sus propios templos sobre los que estaban en ruinas.

> Esta cabeza esculpida de una diosa decora el Templo de la Serpiente Emplumada en Teotihuacán.

PIRÁMIDE DEL SOL

El lado de la pirámide que da a la Avenida de los Muertos tiene aproximadamente 250 escalones que llevan del suelo a la plataforma de la cima.

En la década de 1970, los arqueólogos descubrieron que la pirámide estaba construida sobre una cueva. ¿Por qué los

Los residentes originales de Teotihuacán construyeron pirámides para honrar a los dioses del Sol y la Luna. La Pirámide del Sol es una de las pirámides más grandes del mundo. Se eleva a 216 pies de alto, o aproximadamente tanto como un edificio de 20 pisos. Su base es tan grande como nueve canchas de fútbol americano.

constructores eligieron esta ubicación? Una teoría es que se creía que de la cueva habían surgido las primeras personas que habitaron la Tierra. Otra teoría es que la cueva era un portal entre este mundo y el mundo de los dioses.

La Pirámide del Sol se construyó alrededor del año 200 d. C. Aproximadamente, 3,000,000 de personas visitan Teotihuacán por año, y muchos comienzan su paseo en la Pirámide del Sol.

MI VIAJE A LA CIMA

"La Pirámide del Sol se asoma sobre todo lo demás". Eso pensó Robert Phalen en el año 2012 cuando visitó Teotihuacán. Este es un relato de su visita.

Teotihuacán es enorme... ¡muy grande y extensa! Muchas personas paseábamos en el mismo momento, pero no parecía abarrotado.

Me acerqué a la atracción principal: la Pirámide del Sol, y subí lentamente hasta la cima. Desde allí, tenía una vista fantástica de la Pirámide de la Luna, que es más pequeña. El empinado descenso me mareó. Cuando llegué al suelo, caminé por la Avenida de los Muertos para aprender sobre las culturas que vivían allí. Si alguna vez vas a México, D.F., asegúrate de visitar Teotihuacán.

UN LUGAR DE TEMPLOS Y PALACIOS

La Pirámide del Sol es solo uno de los edificios asombrosos de Teotihuacán. Otras dos pirámides se elevan sobre la Avenida de los Muertos. En un extremo está la Pirámide de la Luna, la segunda pirámide más grande de Teotihuacán. Algunos dicen que imita la forma de una montaña cercana.

Otros templos más pequeños, con forma de pirámide se encuentran delante de la Pirámide de la Luna. Bellos murales de serpientes, mariposas, águilas y otros animales, dioses y personas decoran los interiores de estos templos. Por ejemplo, el Palacio de los Jaguares tiene murales de jaguares que soplan trompetas hechas de conchas de mar.

La tercera pirámide más grande de Teotihuacán es el Templo de la Serpiente Emplumada. Esta pirámide está dedicada a Quetzalcóatl, una importante **deidad**, o dios, azteca, que es parte ave y parte serpiente. Dentro de la pirámide, los arqueólogos encontraron los esqueletos de 200 guerreros sacrificados a Quetzalcóatl.

> El Templo de la Serpiente Emplumada está decorado con muchas cabezas talladas que representan al dios Quetzalcóatl. Para los aztecas, Quetzalcóatl era el dios que les dio vida a los seres humanos.

Compruébalo ¿Por qué se describe a Teotihuacán como ruinas sobre ruinas?

ARQUEOLOGÍA URBANA

por Bryon Cahill

Una fresca mañana de febrero en el año 1978, unos trabajadores hicieron un descubrimiento sorprendente en el centro de México, D.F. Mientras cavaban unas zanjas para poner cables eléctricos, la pala de un trabajador golpeó una enorme piedra enterrada. Cuando cavó más profundo, vio que la piedra estaba cubierta con extrañas tallas. No es poco común que los trabajadores encuentren tesoros enterrados en México, D.F. Por lo general, llaman por teléfono al Instituto Nacional de Antropología e Historia, y el Instituto envía científicos para examinar los objetos.

Este trabajador solo les contó a sus colegas lo que había encontrado. Se comprometieron a mantener el descubrimiento en secreto. Noticias como esta podían detener su trabajo y su paga. Pero no pudieron mantener el secreto por mucho tiempo, y pronto vinieron científicos a examinar lo que el trabajador había encontrado.

Cuando los científicos comenzaron a excavar la enorme piedra con forma de disco, vieron en ella una talla de 500 años de la diosa azteca de la Luna. Cuando quedó finalmente desenterrado, vieron que el disco era parte de un templo, o edificio religioso, con forma de pirámide, que se elevaba en el área hace mucho.

Los científicos eran **arqueólogos urbanos**. Trabajan en ciudades, donde excavan edificios que han quedado enterrados a través de los siglos. Estos arqueólogos examinan los edificios y los artefactos, u objetos como estatuas y joyas, para aprender cómo vivían las sociedades del pasado y qué era importante para ellos.

Pero, ¿cómo encuentran ruinas en las ciudades los arqueólogos urbanos? Estudian libros y mapas en busca de pistas. A veces, sin embargo, los artefactos se encuentran por accidente, como la piedra que golpeó la pala del trabajador en el año 1978.

∨ Los arqueólogos urbanos Eduardo Matos Moctezuma (izquierda) y Leonardo López Luján estudian un descubrimiento del año 2006. Se trata de una escultura azteca de 13 toneladas que ahora se exhibe en el museo del Templo Mayor.

El Muro de los Cráneos es un artefacto que cuelga de la entrada del museo del Templo Mayor. Esta escultura se parece a una empalizada de cráneos azteca. Una empalizada de cráneos es un marco de madera construido para exhibir los cráneos de personas a las que se mató para honrar a los dioses aztecas.

Eduardo Matos Moctezuma les cuenta a los visitantes del museo sobre los descubrimientos desenterrados en el Templo Mayor.

El arqueólogo urbano Eduardo Matos Moctezuma lideró a los científicos que estudiaron el descubrimiento del año 1978. Su equipo y él tenían vastos conocimientos de los aztecas, y sabían que el descubrimiento era especial.

El templo que encontraron se llamó Templo Mayor. El equipo de Matos Moctezuma estudió el templo y descubrió que comenzó como una estructura pequeña que creció a medida que se desarrollaba la civilización azteca.

El equipo de Matos Moctezuma estudió el templo en el transcurso de las siguientes décadas. Encontraron nuevas estructuras y miles de artefactos. Descubrieron que el templo se había reconstruido siete veces. En su forma final, dos pirámides altas de 90 pies se encontraban en su base. Una estaba dedicada al dios azteca de la guerra. La otra estaba dedicada al dios de la lluvia.

Aproximadamente 6,000 artefactos se exhiben en el museo del Templo Mayor, junto al sitio. Los visitantes pueden ver dos estatuas de tamaño real de guerreros aztecas, así como un muro de cráneos del Templo Mayor. En el mismo templo, el equipo de Matos Moctezuma dejó muchos artefactos donde estaban en la época de los aztecas.

Otro hallazgo enorme

Leonardo López Luján es un arqueólogo urbano que ha trabajado con Matos Moctezuma en el Templo Mayor desde el año 1980, cuando López Luján solo tenía 16 años. Ha realizado muchos descubrimientos emocionantes en el sitio. En el año 2006, junto con su equipo remolcaron un **monolito**, o enorme columna de piedra, rectangular de 13 toneladas. Estaba partido en cuatro piezas gigantes. Cuando le sacaron el polvo con cepillo, vieron que la piedra tenía la imagen de la diosa azteca de la Tierra.

Los aztecas creían que la diosa de la Tierra se tragaba el Sol de noche. Luego, a la mañana, lo escupía. López Luján aprendió de los registros históricos que los aztecas usaban esculturas de la diosa para marcar las tumbas de sus reyes. Cree que los aztecas comparaban el reinado de un rey con el recorrido del Sol por el cielo. El reinado de un rey terminaba como el Sol terminaba en el atardecer: tragado por la diosa de la Tierra. Luego surgía un nuevo rey en su lugar.

En la actualidad, López Luján y otros arqueólogos urbanos continúan buscando bajo México, D.F. más ruinas para estudiar. A medida que hacen nuevos descubrimientos, aprenden más sobre la gran civilización azteca.

> Los trabajadores usan correas para mover este monolito de piedra al museo del Templo Mayor.

Leonardo López Luján continúa estudiando descubrimientos en el Templo Mayor.

Compruébalo ¿Cómo ayudaron los trabajadores municipales a los arqueólogos urbanos a hacer un descubrimiento azteca importante?

Artefactos aztecas

por Bryon Cahill

Quizá hayas oído el dicho "Una imagen vale más que mil palabras". Pues bien, los aztecas no tenían lengua escrita. Las ilustraciones y el arte eran una manera en la que se expresaban. Los artefactos que dejaron los aztecas nos hablan de su cultura.

< Los artistas aztecas tallaban estatuas de los dioses a los que los aztecas temían y admiraban. Este jarrón de cerámica muestra a Tlaloc, el dios azteca de la lluvia, llevando una máscara turquesa.

Los aztecas crearon **códices**, o libros compuestos por ilustraciones llamadas **glifos**. Los glifos de estos libros contaban relatos de la cultura azteca. Este calendario muestra las ofrendas que hicieron al dios del Sol azteca en la parte superior y al dios de la oscuridad en la inferior. Los símbolos de la izquierda representan el año en que se escribieron los glifos o el año en que ocurrió un suceso.

Los aztecas usaban el oro para hacer todo, desde estatuillas de dioses hasta pendientes y joyas. Los conquistadores españoles se llevaron muchos de estos artefactos a Europa o los fundían para quedarse con el oro.

Los arqueólogos encontraron este pendiente de oro en la tumba de un gobernante azteca.

Compruébalo   ¿Qué podemos aprender sobre los aztecas a partir de los artefactos que dejaron?

Comenta

1. ¿Qué crees que relaciona a los cinco artículos que leíste en este libro? ¿Qué te hace pensar eso?

2. Describe qué les sucedió a los aztecas cuando llegaron los españoles a su imperio.

3. ¿Cómo se volvieron comunes los alimentos aztecas (tomates, maíz y chocolate) en todo el mundo?

4. ¿Qué podemos aprender sobre los aztecas al explorar Teotihuacán y el Templo Mayor en México, D.F.?

5. ¿Sobre qué aspectos de la historia o la cultura azteca te gustaría saber más? Explícalo.